A 15 ANNI:

VIVERE CON L'AUTISMO

MIGUEL ALBA

Dedicato a tutte quelle persone che, come me, hanno una condizione di vita speciale o non riescono ad andare avanti, per dire loro che si può fare e che non importa l'età che si ha, basta solo provarci.

Ciao, mi chiamo Miguel, ho 15 anni e sono Autistico

ÍNDICE

CAPÍTOLO UNO

I miei Primi Anni

Sono nato nel 2008, più precisamente nel mese di dicembre.

Il 2008 è stato un anno abbastanza speciale a livello mondiale, segnato da diverse notizie lungo l'anno, tra cui le seguenti:

Crisi Finanziaria Globale:

Uno degli eventi più importanti è stata la crisi finanziaria globale che ha avuto inizio alla fine del 2007 ma ha raggiunto il suo apice nel 2008. È stata innescata dalla crisi ipotecaria negli Stati Uniti e ha avuto ripercussioni in tutto il mondo, causando recessioni economiche in molte nazioni, compresa la Spagna.

Elezione di Barack Obama:

A novembre 2008, Barack Obama divenne il primo afroamericano ad essere eletto presidente degli Stati Uniti. La sua elezione segnò una pietra miliare nella storia del paese e suscitò un grande interesse in tutto il mondo.

E se ci concentriamo sulla Spagna, in quell'anno, più precisamente nel mese di marzo, ci furono anche elezioni generali, nelle quali il PSOE con il suo candidato José Luis Rodríguez Zapatero ha vinto, continuando così come presidente del governo.

Olimpiadi di Pechino:

La Cina ha ospitato i Giochi Olimpici estivi del 2008.

Questo evento sportivo è stato notevole per la sua magnificenza, ma anche per le controversie legate ai diritti umani e all'ambiente in Cina.

Rilascio dell'iPhone 3G:

Apple ha lanciato l'iPhone 3G nel 2008, la seconda generazione del suo iconico smartphone.

Questa versione ha introdotto la connettività 3G, consentendo velocità dati più rapide e una maggiore diffusione delle applicazioni mobili.

E ci sono state molte altre notizie accadute in quell'anno, ma se scrivessi tutte loro, sicuramente avrei materiale per fare questo libro e anche un altro.

Ma come stavo dicendo, sono nato il 6 dicembre 2008 verso le 19:20 del pomeriggio, era un sabato, Giorno della Costituzione qui in Spagna, quindi un giorno festivo, e nonostante sia nato con solo circa 2 chilogrammi e 300 grammi.

Pesavo così poco e ero così piccolo alla nascita, i medici dissero ai miei genitori di anticipare il mio parto per evitare che mi avvolgessi con il cordone ombelicale dentro mia madre, rendendo poi molto più difficile farlo dopo.

Sono stato in ospedale solo per 3 giorni ma ho impiegato circa 15 giorni per aprire gli occhi.

Le miei genitori si sono sposati nel mese di gennaio dello stesso anno, solo 11 mesi prima che io nascessi.

Non l'ho ancora detto, ma mio padre è spagnolo e mia madre è filippina.

Si sono conosciuti 4 anni prima che io nascessi, prima tramite corrispondenza con lettere ed email, e poi più tardi di persona.

Con gli anni si sono sposati e hanno formato una famiglia avendo me.

Mi hanno chiamato Miguel perché gli piaceva, non perché fosse il nome di mio padre, dei miei nonni o di qualche altro mio familiare.

Avanzando un po' nella mia vita, voglio andare al 2010, un anno un po' speciale per me, perché i miei primi ricordi risalgono a quell'epoca, in un pomeriggio speciale per me e per tutte le persone a cui piace il calcio come a me, un pomeriggio in cui, insieme ai miei genitori, mio nonno e un prozio, abbiamo goduto e celebrato la finale della Coppa del Mondo di calcio in Sudafrica, in cui la

Spagna ha vinto contro l'Olanda con quel grande gol di Andrés Iniesta.

Con questo la Spagna vinceva il suo primo Mondiale di Calcio, una serata che ho nei miei ricordi e che mi dà gioia ricordare.

Ma non è questo che volevo raccontare di quell'anno 2010, bensì un'altra cosa che è stata speciale per me, e quella cosa è stato il mio primo viaggio nelle Filippine, la terra di mia madre, dove vive una parte della mia famiglia.

Quella parte non sono altro che i miei nonni materni, alcuni miei prozii e prozie, alcuni zii e zie, alcuni cugini,...ecc.

Così alla fine del mese di novembre di quell'anno, sono andato/a in viaggio nelle Filippine con mia madre, perché mio padre è dovuto rimanere a lavorare e non è potuto venire.

Ricordo che il viaggio fino a lì fu molto lungo, dovemmo prendere 3 aerei diversi e ci vollero quasi 24 ore per atterrare all'aeroporto di Manila, che si chiama Internazionale Ninoy Aquino.

Dopo sono venuti i miei nonni insieme ad alcuni cugini a prenderci con una monovolume per portarci a casa loro, che è a quasi 100 chilometri di distanza da lì, nella provincia di Batangas.

Siamo stati lì, se ricordo bene, quasi 3 mesi, poiché, primo, era la prima volta che viaggiavo, secondo, mia madre non vedeva la sua famiglia da più di 3 anni, e terzo, mia madre non lavorava ancora.

Dopo questo periodo, il giorno 27 gennaio 2011 mia mamma e io siamo tornate in Spagna, dove ci stavano aspettando mio papà e il resto della mia famiglia.

Mio padre, i miei nonni e la mia bisnonna vennero a prenderci a mia mamma e a me all'aeroporto Adolfo Suarez di Madrid, dove ci furono molti abbracci e baci, e da dove siamo tornati tutti insieme, per la prima volta, in treno AVE fino a casa.

CAPÍTOLO DUE

Autismo

Nel mese di settembre del 2011 ho iniziato
la mia scuola in una scuola vicino a dove
vivo.

Avevo 3 anni e iniziavo la mia scuola con il
corso di 1° dell'infanzia.

Dato che mia madre non stava lavorando,
non sono mai stato in nessun asilo nido.

Era una classe grande dove eravamo più di
20 bambini e bambine tutti insieme,
giocando, conoscendoci e, cosa più
importante, imparando.

Il corso procedeva normalmente, ma la mia tutrice notava qualcosa nel mio comportamento che non riusciva a capire.

Così ha parlato con i miei genitori per dirglielo e suggerire di portarmi dal medico per farmi fare degli esami per vedere se avevo qualcosa.

E dopo quella conversazione, i miei genitori fecero così, mi prenotarono una visita dal pediatra, glielo dissero e lui richiese che mi portassero in ospedale per farmi fare degli esami.

Prima siamo andati all'appuntamento con un neurologo, il quale ha osservato e parlato con i miei genitori riguardo al mio comportamento a casa, a scuola, per strada,...ecc.

Ho impiegato molto tempo a parlare, fino ai 3 anni parlavo ma non si capiva quello che dicevo e questo è stato anche uno dei motivi per cui mi hanno portato dal medico.

Uno degli esami che mi hanno fatto e che ha richiesto il neurologo si chiama M-CHAT, il quale è un breve questionario che si completa tramite un'intervista con i genitori o i tutori del bambino.

L'M-CHAT consiste di 20 domande progettate per identificare comportamenti che potrebbero essere associati all'autismo.

Valuta il comportamento del bambino in aree come la comunicazione, l'interazione sociale e il gioco, che sono indicatori chiave dello spettro autistico.

Un altro test che mi hanno fatto si chiama anche CARS (Childhood Autism Rating Scale), che è uno strumento di valutazione standardizzato progettato per aiutare i professionisti della salute a diagnosticare l'autismo e valutare la gravità dei sintomi.

La scala si basa su osservazioni dirette del bambino in diverse aree, come l'interazione sociale, il linguaggio e la comunicazione, il comportamento stereotipato e la risposta emotiva.

La CARS è uno strumento molto utile perché fornisce una valutazione più dettagliata e strutturata dei sintomi dell'autismo, il che può aiutare a guidare il processo di diagnosi e trattamento.

E queste sono le prove che credo di ricordare e che i miei genitori mi hanno detto che mi hanno fatto in quei giorni.

Dopo circa una settimana, i miei genitori ed io siamo tornati in ospedale per parlare con il neurologo e conoscere i risultati di quei test.

Il risultato e la conclusione di quelle prove, così come il comportamento che avevo, indicavano che avevo l'autismo, un po' di ADHD e la sindrome di Asperger.

Il neurologo ha detto che quei risultati, insieme a un rapporto che aveva redatto lui, li invierà al tribunale medico affinché determini la mia disabilità e il grado.

Nel frattempo vi parlerò di ciò che il neurologo ha detto a me e ai miei genitori su quello che sembrava avere.

Inizierò con l'ASD, o come è anche conosciuto, Disturbo dello Spettro Autistico.

L'ASD è una condizione neuromentale che colpisce la capacità di una persona di comunicare, interagire socialmente e comportarsi in modo flessibile, il che comprende anche un ampio spettro di sintomi e gradi di gravità, significando che colpisce ogni individuo in modo unico, o in altre parole, che non colpisce me allo stesso modo in cui può colpire un'altra persona.

Le caratteristiche dell'autismo più comuni sono le seguenti, alcune delle quali mi riguardano:

Difficoltà nella comunicazione:

Possono includere difficoltà a comprendere e usare il linguaggio verbale e non verbale, così come a mantenere conversazioni.

Difficoltà nell'interazione sociale:

Le persone con ASD possono avere difficoltà a comprendere i segnali sociali, mostrare empatia o stabilire relazioni con gli altri.

Comportamenti ripetitivi o restrictivi:

Possono includere movimenti ripetitivi, ossessioni per certi temi o routine fisse che resistono al cambiamento.

Per esempio, da quando ero ancora molto piccolo fino a circa gli 8 anni, mi capitava di sbattere le braccia come se fossi un uccello, che sia stato perché ero nervoso o felice,...ecc. mi capitava di sbattere le braccia.

So che l'ASD può influenzare significativamente il funzionamento quotidiano di una persona, inclusi i suoi rapporti interpersonali, le performance accademiche, lavorative e l'autonomia.

È noto anche che le persone con disturbi dello spettro autistico (TEA) possono sperimentare problemi di salute mentale, come ansia o depressione, a causa delle difficoltà sociali e della mancanza di comprensione dell'ambiente circostante.

E così come molte persone con TEA hanno bisogno di supporto in aree come l'istruzione, la terapia del linguaggio, la terapia occupazionale e la terapia comportamentale.

Questi sarebbero i suoi effetti generali e più comuni, anche se come ho scritto prima, ogni persona può averne alcuni o altri diversi tra loro.

Le cause per cui si può avere il TEA possono essere genetiche, ovvero già presenti nel nostro DNA in alcuni geni e trasmesse dai genitori ai figli, possono essere ambientali, anche se questo non è del tutto chiaro, e infine un'altra causa può essere l'interazione complessa, o meglio ancora, una combinazione delle due precedenti, che è ciò che ho io.

Inoltre, come vi ho scritto prima, ho il ADHD, quindi vi scriverò un po' su questo.

Il Disturbo da Deficit di Attenzione e Iperattività (ADHD) è un disturbo neurobiologico dello sviluppo che influisce sull'attenzione, la concentrazione, l'impulsività e l'attività motoria.

Anche se può manifestarsi in modi diversi e in diversi gradi di gravità, i sintomi principali dell'ADHD di solito includono:

Inattenzione:

È la difficoltà a prestare attenzione ai dettagli, a commettere errori per disattenzione, a mantenere l'attenzione su compiti o attività, a non ascoltare quando gli si parla direttamente o a seguire le istruzioni per compiti e attività.

Iperattività:

Eccesso di attività motoria, difficoltà a rimanere fermi in situazioni in cui ci si aspetta che stiano fermi, parlare eccessivamente, correre o arrampicarsi in situazioni inappropriate.

Impulsività:

Agire senza pensare alle conseguenze, interrompere o intrufolarsi nelle attività degli altri, avere difficoltà ad aspettare il proprio turno.

Ma come vi ho scritto prima, ogni persona è diversa e può avere sintomi differenti da quelli degli altri.

Gli effetti dell'ADHD possono essere significativi e influenzare molteplici aree della vita di una persona, incluso il rendimento accademico, le relazioni sociali, l'autostima e il benessere emotivo.

I bambini con ADHD possono affrontare sfide a scuola a causa delle difficoltà nel concentrarsi sui compiti, seguire le istruzioni e completare il lavoro scolastico, e ciò può anche influire sulla capacità di mantenere amicizie, seguire le routine e gestire le richieste quotidiane.

Le cause esatte dell'ADHD non sono completamente conosciute con precisione, ma si ritiene che coinvolgano una combinazione di fattori genetici, neurobiologici e ambientali.

Per quanto posso capire, a causa di cose che mi stanno accadendo e che vi scriverò e racconterò più avanti, ho anche l'ADHD.

Ora volevo anche scrivervi un po' sul Sindrome di Asperger, ma non è necessario farlo, perché fondamentalmente è la stessa cosa dell'ASD e non ci sono variazioni in merito.

Per concludere, vi parlerò del fatto che col passare degli anni il TEA, così come la sindrome di Asperger, viene chiamato Autismo di Livello 1.

L'autismo di livello 1 è una categoria all'interno del Disturbo dello Spettro Autistico (DSA) caratterizzata da sintomi relativamente lievi rispetto ad altri livelli dello spettro.

CAPÍTOLO TRE

La scuola

Ora voglio scrivervi e raccontarvi della mia vita scolastica, dalla sua inizio fino ad oggi.

Come vi ho raccontato all'inizio, ho iniziato la scuola all'età di 2 anni e 9 mesi nel corso conosciuto come 1° dell'infanzia.

Nello stesso anno scolastico, a causa del comportamento che la tutor della classe notava in me e della mia incapacità, a quell'età, di parlare con chiarezza, i miei genitori decisero di farmi fare dei test in ospedale, con il risultato che mi fu diagnosticato e che ho tuttora il disturbo dello spettro autistico (TEA), così come anche un po' di ADHD, aggiornato a quanto oggi è chiamato Autismo di livello 1.

Quegli anni iniziali sono stati molto belli, sono stato un bambino felice, ho conosciuto altri bambini della mia classe e della mia scuola, tutto a modo mio, come posso e come mi sento.

Prima dell'infanzia, seconda dell'infanzia,
terza dell'infanzia, prima elementare,...
ecc. Il tempo passava molto velocemente.

In classe avevo supporto con il rinforzo di
un'altra insegnante che mi aiutava e
spiegava tutto affinché potessi capirlo.

I miei compagni di classe mi trattavano
come uno di loro e nell'ora del ricreazione
mi cercavano sempre per giocare insieme.

Mi invitavano anche ai loro compleanni, sia dentro che fuori dalla classe insieme ad altri bambini e parte delle loro famiglie.

Ma... e purtroppo c'è sempre un ma, quando ho finito il secondo anno di scuola elementare, mi hanno fatto ripetere l'anno.

Ho dovuto lasciare i miei compagn@-amici e iniziare con dei nuovi, anche se li conoscevo già dall'ora del cortile, non era la stessa cosa.

I nuovi compagn@ erano molto diversi dai precedenti con me, non si comportavano molto bene nei miei confronti e anche se non li vedevo direttamente, sapevo e sentivo che ridevano di me e non volevano giocare con me come facevano quelli precedenti. Alcuni volevano giocare un po', ma non era la norma.

Mi sentivo triste perché non capivo il motivo di questo trattamento e di questa differenza rispetto ai precedenti che mi trattavano come uno di loro e questi altri che mi trattavano ma per obbligo, non perché lo facevano di cuore.

Dopo di ciò, ho continuato a frequentare quella scuola fino alla quarta elementare.

Perché dico questo? Lo dico e lo racconto perché alla fine di quel corso, durante il quale ho avuto due tutor diverse, la tutor principale ha chiesto un incontro con i miei genitori e insieme alla psicologa municipale della mia città per comunicarci che, beh, dopo quegli anni nella scuola e lo sforzo che avevano messo per me, non potevano più continuare perché non avevano più mezzi che potessero aiutarmi nella mia educazione scolastica.

Alcuni giorni dopo quel incontro, insieme alla psicologa municipale, siamo andati a visitare quello che è diventato, e ancora oggi è, la mia nuova scuola.

È una scuola per l'istruzione speciale dove siamo solo 50 studenti in totale e dove siamo supportati da insegnanti, educatori, una psicologa, una pedagogista, una logopedista, un fisioterapista e altre persone che ci insegnano e ci aiutano a proseguire con le nostre condizioni.

È un'educazione diversa perché oltre a essere in classe studiando le materie fondamentali, abbiamo lezioni di nuoto ogni settimana, facciamo passeggiate in campagna imparando a riciclare pulendo la spazzatura che troviamo, facciamo varie escursioni durante l'anno presso diverse aziende, teatri, musei e altri luoghi di interesse,... ecc. Come ho detto, è qualcosa di diverso che mi piace.

CAPITOLO QUATTRO:

Condizioni, Sentimenti e Paure

Condizioni di cui voglio scrivere e raccontare ora, che non sono altro che le mie paure, virtù e sentimenti interni che ho e imparo a sopportare.

Una paura che ho è per i rumori forti, perché ogni volta che sento un rumore forte, divento molto nervoso e mi è difficile calmarmi.

Per esempio, quando sento il botto di un petardo, l'esplosione di un palloncino, lo stappare una bottiglia contenente gas,...ecc., la mia ansia aumenta e non riesco a calmarmi da solo/a.

Tuttavia, fortunatamente, ho sempre il sostegno della mia famiglia in quei momenti.

Quando mi vedono nervoso, mi offrono il loro aiuto e conforto, il che mi permette di rilassarmi piano piano.

La sua presenza e comprensione mi danno una grande sensazione di sicurezza, il che è cruciale per superare la mia paura.

Inoltre, abbiamo sviluppato alcune strategie per gestire questi momenti di ansia.

Per esempio, a volte usiamo le cuffie per attenuare il suono, o ci allontaniamo dal luogo dove ci sono rumori forti.

Queste tattiche, insieme al sostegno emotivo della mia famiglia, sono state e sono molto utili per me perché mi aiutano a sentirmi meglio nella mia quotidianità.

Grazie alla sua pazienza e al suo costante supporto, ho imparato ad affrontare la mia paura in modo più efficace.

Anche se ancora mi spavento per i rumori forti, sapere che non sono solo e che posso sempre contare su di loro mi dà molta tranquillità.

Vi racconterò una cosa che mi è successa al ritorno da un viaggio nelle Filippine sull'aereo della Singapore Airlines.

Nel corso di quel volo e senza sapere il motivo, improvvisamente mi sono sentito molto stordito e ho cominciato a sentirmi davvero male.

Non è passato molto tempo prima che iniziassi a sanguinare dal naso, e l'emorragia non cessava per tutto il volo.

È stato un momento allarmante, poiché non riuscivo a fermare il flusso di sangue, causandomi contemporaneamente nervosismo e ansia in tutto il mio essere.

La mia famiglia e quasi tutto l'equipaggio della compagnia aerea e dell'aereo sono venuti rapidamente in mio aiuto.

Prima, hanno cercato di contenere l'emorragia con carta, e quando questo non ha funzionato, mi hanno messo del ghiaccio sul naso per cercare di ridurre il sanguinamento.

Mentre l'equipaggio si prendeva cura di me, una delle assistenti di volo, che parlava spagnolo, è rimasta al mio fianco per assicurarsi che stesse bene.

Questo è stato particolarmente utile, dato che la mia famiglia poteva comunicare con lei senza problemi parlando la stessa lingua, così l'assistente di volo ha spiegato alla mia famiglia cosa fosse realmente successo.

Ci disse che le turbolenze dell'aereo mi avevano causato un notevole malessere e che il cambiamento di pressione nella cabina aveva provocato un improvviso calo di pressione arteriosa, il che a sua volta ha causato un intensa emorragia nasale.

Nonostante la preoccupazione iniziale, l'attenzione e la cura che ho ricevuto sia dall'equipaggio che dalla mia famiglia mi hanno fatto sentire molto più tranquillo.

Secondo gli esperti, le turbolenze sono sempre più comuni e più pericolose, potrebbe essere a causa del cambiamento climatico e ancora di più quando si verificano in aria chiara, poiché in quel caso sono praticamente indetectabili dai piloti e, quando accadono, le manovre per attraversare devono essere immediate.

Ma nel mio caso, per fortuna, è successo solo a me e alla fine è stato solo uno spavento, perché al mio arrivo in Spagna stavo già bene, senza vertigini e senza perdere più sangue dal naso.

Nonostante ciò, e per maggiore tranquillità, i miei genitori mi portarono in ospedale per farmi fare un controllo, nel quale il risultato fu che era tutto a posto.

Un'altra delle cose che mi succede riguarda la questione sociale, cioè socializzare con più persone. Con i membri della mia famiglia mi sento tranquillo e a mio agio.

Ma quando vado da qualche parte e ci sono ragazzi e ragazze della mia età, più grandi, più piccoli o che non conosco, mi innervosisco e mi vergogno ad avvicinarmi a loro. Questo mi succede persino con i compagn@ della mia scuola e della mia classe.

In quei momenti, mi blocco completamente e non so cosa devo dire o come devo agire.

Mi preoccupa che la mia incapacità di rispondere in modo adeguato sia evidente per l'altra persona.

La pressione di cercare di mantenere una conversazione mi opprime, e temo di non essere all'altezza delle aspettative sociali.

Questi sentimenti mi portano a evitare le situazioni sociali ogni volta che posso, perché il disagio che provo è molto intenso.

Questo blocco e nervosismo mi influenzano profondamente, rendendo le situazioni quotidiane sfide significative per me.

Col passare del tempo e degli anni sto pian piano perdendo quella timidezza e vergogna, ma ancora mi costa, soprattutto se si tratta di persone che in passato non mi hanno trattato bene, che mi hanno deriso o con cui non sono stato simpatico.

In seguito vi scriverò e vi racconterò di questo e di come lo sto affrontando attualmente.

Dentro di me, sento profondamente di essere una persona molto sensibile.

Questa sensibilità si manifesta in vari modi nella mia vita quotidiana.

Per esempio, a volte tendo a piangere abbastanza facilmente quando sono nervoso, il che riflette l'intensità con cui vivo le mie emozioni.

Quando mi sento estremamente nervoso, cerco modi per calmarmi e trovare un equilibrio interiore.

Una delle strategie che ho scoperto per aiutarmi a calmarmi è prendere una matita e girarla tra le mani.

Questo semplice atto di manipolazione mi dà una sensazione di controllo e serenità, permettendomi di ridurre l'ansia.

È incredibile come un oggetto così comune possa avere un effetto così positivo sul mio benessere emotivo.

Attraverso questi piccoli gesti, trovo modi per gestire la mia sensibilità e vivere con più armonia.

Accettare e comprendere la mia sensibilità mi permette di prendere meglio cura di me stesso e affrontare le situazioni difficili con più calma e chiarezza.

Quindi se mai vi sentite come me, ora conoscete un piccolo trucco che uso io per calmarmi.

CAPÍTOLO CINQUE

Tempo Attuale

Attualmente, come vi ho scritto sopra, continuo a frequentare la scuola facendo i miei studi nello stesso istituto, in cui sono già da 5 anni.

Ora va meglio, sono riuscito a farmi degli amici, dentro e fuori dalla scuola, perché non vado solo a scuola, ma faccio anche altre attività fuori.

Studio inglese in un'accademia da due anni perché a scuola non c'è quella materia.

In quell'accademia vado a lezione un giorno alla settimana insieme ad altre sette persone, alcune sono più giovani e altre più grandi di me.

Questo mi serve, oltre che per imparare una lingua come l'inglese, ad aiutarmi a socializzare con gli altri perché in queste lezioni facciamo giochi di gruppo e così ci relazioniamo interagendo gli uni con gli altri.

Un'altra cosa a cui sono iscritto e a cui vado da un anno è il Taekwondo.

Oltre ad essere un'arte marziale, è uno sport di rispetto e di compagnia tra tutti coloro che vi partecipano, lo praticano e lo allenano.

Praticare Taekwondo mi sta facendo conoscere altre persone e, poco a poco, fare qualche amico.

Vado due giorni alla settimana, siamo più di 20 compagni di tutte le età e ci rispettiamo tutti.

Questo è anche un modo per imparare, stare più tranquillo e socializzare di più, così come il fatto che da tre anni faccio parte del Movimento Juniors della mia città.

Il Movimento Juniors si definisce per il suo focus sulla formazione dei bambini e dei giovani in un ambiente di fede, amicizia e servizio.

Questo movimento ha le sue radici negli anni '80 e si è diffuso in diverse diocesi, con l'obiettivo di inculcare valori cristiani e promuovere la crescita personale e comunitaria dei propri membri.

I 'Juniors' sono i membri del movimento, solitamente tra gli 8 e i 16 anni, anche se ci sono gruppi per fasce d'età più grandi che diventano istruttori ed educatori dei più piccoli.

Le attività che si svolgono, e che anch'io svolgo, consistono nelle seguenti:

Riunioni settimanali:

I gruppi si incontrano regolarmente per partecipare ad attività formative e ricreative.

Questi incontri includono dinamiche, giochi, riflessioni e preghiere.

Campeggi e Escursioni:

Vengono organizzati campeggi ed escursioni che permettono ai giovani di vivere esperienze di convivenza nella natura, rafforzando i legami di amicizia e comunità.

Attività liturgiche:

Partecipazione attiva alle celebrazioni liturgiche, come le messe e le veglie, dove i Juniors possono approfondire la loro fede.

Progetti Solidali:

I Juniores partecipano a iniziative di servizio e solidarietà, come visite alle case di riposo, raccolta di alimenti per i più bisognosi e altre attività di beneficenza.

Formazione Continua:

Laboratori e corsi per leader e animatori del movimento, assicurando che siano ben preparati per guidare i giovani.

In conclusione al Movimento Juniors dirò che è una comunità dinamica e attiva che cerca di formare bambini e giovani in un ambiente di fede e amicizia.

Attraverso le sue diverse attività, il movimento non solo promuove i valori cristiani, ma favorisce anche lo sviluppo integrale dei suoi membri, preparandoli a essere cittadini responsabili e impegnati nella società.

Io mi sento molto a mio agio nei Juniores, siamo più di 60 persone divise in diversi gruppi o fasi. Io attualmente ho appena terminato la fase Stile Uno.

Questo settembre inizierò la fase Stile Due e poi mi resterà solo la fase Stile Tre per diventare educatore, che è uno dei miei obiettivi.

Sono già andato a 4 campi con i Juniores e mi sono divertito molto, in generale e specialmente nell'ambito sociale, conoscendo persone e facendo amicizie, il che è molto importante per me.

Tra la scuola, l'inglese, il taekwondo e i Juniores credo di essere abbastanza occupato per il momento, anche se poco a poco farò di più per poter imparare ciò che è meglio per me, in modo da vivere meglio senza che questo mi tormenti o mi faccia provare paura o ansia.

Prima di concludere questo capitolo, vi voglio raccontare il tipo di videogiochi a cui sto giocando, perché anche io, come qualsiasi altro giovane, ho un tablet e un computer portatile, anche se devo dire che ho il tablet solo da 2 anni e il computer solo da 1 anno.

Uso il computer, oltre che per giocare, per scrivere questo libro e per studiare.

I giochi che di solito gioco, sia sul tablet che sul computer, sono giochi di simulazione e giochi di strategia, che sono quelli che mi piacciono.

Un esempio di questi giochi è Euro Truck Simulator 2, che come suggerisce il nome, anche se in inglese, è un gioco di simulazione di camion in cui guidi camion trasportando merci in tutta Europa, con strade reali, segnali stradali, pedaggi, traffico e così via. Questo fa sì che oltre a giocare, si possa imparare anche geografia, nomi di città, nomi di paesi, bandiere e persino un po' di guida.

Un altro esempio è il gioco Train Simulator Classic, che è un simulatore di treni in cui puoi guidare treni merci, treni passeggeri, treni ad alta velocità, eccetera, lungo percorsi reali, paesi, città, stazioni e con tempi di percorrenza realistici.

Questo è qualcosa che mi piace e, come ho detto prima, mi insegna molte cose diverse oltre che solo giocare.

Quando ero più piccolo mi piaceva anche disegnare e leggere.

Per quanto riguarda la lettura, posso dirvi che una delle mie saghe di libri preferite, che ho letto e possiedo, è la saga di Viaggi nel Tempo con il personaggio Geronimo Stilton e i suoi amici.

I quali, oltre a immergerti in mondi pieni di avventure, ti insegnano la storia con situazioni, epoche e personaggi reali nella loro versione topesca.

Alcuni tipi di libri che consiglio e che possono anche aiutare le persone a calmarsi e a evadere dalla realtà, anche se solo per momenti.

Questo è qualcosa che volevo che sapeste perché mi calma e mi aiuta a imparare e conoscere cose nuove.

CAPITOLO SEI
Finalità e Consigli

Ora vi voglio raccontare il motivo per cui ho deciso di fare questo libro, qualcosa che ho pensato per un po' di tempo nella mia testa ma che non ho osato fare prima perché non sapevo come raccontarlo e scriverlo. Tuttavia, grazie all'aiuto di mio padre, sono riuscito a farlo ora.

Fare questo libro e raccontare la mia storia ha lo scopo di poter aiutare più persone che, come me, possono sentirsi così e non sanno come affrontarlo.

Ho realizzato questo libro perché so di non essere solo e di non essere l'unico; so che ci sono molti altri che sono autistici, consapevoli o meno, e spero che possa aiutarli a capirlo se sentono o sperimentano qualcosa di simile.

Sottolineare l'importanza dell'empatia e della comprensione verso le persone con autismo può contribuire a una società più inclusiva.

L'autismo non è una malattia, è una condizione e non c'è nulla di cui vergognarsi, al contrario, bisogna far capire alla società il rispetto e l'empatia per tutte le persone, poiché siamo tutti speciali e non c'è nulla che ci possa fermare dal realizzare i nostri sogni.

Sogni che un giorno spero di raggiungere e che si avverino.

Voglio concludere questo libro, non senza prima ringraziarti, caro lettore, per aver acquistato e letto questo piccolo libro, ma con una storia scritta da un cuore molto più grande.

Una storia che non è altro che la mia piccola biografia raccontata fino ad ora, all'età di 15 anni, e che spero con tutto il cuore ti sia piaciuta e che tu possa supportare affinché arrivi a più persone.

Scansionando il seguente codice QR potrai accedere ad altri libri che potrebbero interessarti per leggere e avere nella tua biblioteca personale.

9 798333 289249 3